Francine Porfirio Ortiz

Viviane Mayer Daldegan

No Caminho de Jesus

Álbum Litúrgico-Catequético

Ano A – 2022 | 2023

EDITORA VOZES

Petrópolis

Rua Frei Luís, 100
25689-900 Petrópolis, RJ
www.vozes.com.br
Brasil

Projeto gráfico e diagramação: Ana Maria Oleniki
Revisão: Magda K. da Rosa Valgoi
Ilustradores: Alexandre Maranhão; Daniel de Souza Gomes; Marcos Vinícius de Melo Moraes;
Capa: Ana Maria Oleniki

ISBN: 978-65-571-3611-9

Editado conforme o novo acordo ortográfico.

Este livro foi composto e impresso pela Editora Vozes Ltda.

Apresentação

Queridos catequistas, catequizandos e famílias!

O *Álbum Litúrgico-Catequético* do Ano A: *No Caminho de Jesus* é um recurso para ajudá-los a conhecer e amar Jesus cada vez mais.

Durante este ano, ele será um guia que contribuirá para estarem sempre acompanhados da Palavra de Deus, que convida a todos para nos aproximarmos dele, de seu filho Jesus e a nos tornarmos seus amigos. Portanto, os textos, as reflexões, as atividades e as ilustrações apresentadas em cada página têm como objetivos: auxiliá-los com o crescimento na fé, na compreensão dos evangelhos e no entendimento de como é possível viver os ensinamentos que Jesus nos deixou.

No Caminho de Jesus, é uma obra elaborada pelas autoras Francine e Viviane para ajudá-los a perceber, vivenciar e anunciar a linguagem do amor de Jesus Cristo, amor esse, sempre presente e comunicado na liturgia de cada domingo. Mas esta obra não está acabada, ela precisa ser concluída por vocês, catequizandos. Para isso, é preciso ler os textos, rezar e realizar as atividades tanto individualmente quanto acompanhados por seus familiares e catequistas.

As páginas deste Álbum, e o que nelas está proposto, são formas que possibilitam estabelecer maior proximidade com a Palavra de Deus e sua mensagem de amor e, ainda, de demonstrar que a Igreja é uma comunidade de pessoas que amam o Senhor e são chamadas a viver como irmãos.

A vocês catequizandos, familiares e catequistas desejamos que essas páginas, inundadas com a Palavra de Deus, possam ajudá-los em sua caminha de vida cristã.

Débora Regina Pupo
Coordenadora da Animação Bíblico-Catequética
do Regional Sul 2 / CNBB

Carta das autoras

Paz e bem, queridos catequistas, catequizandos e familiares!

Neste novo Ano Litúrgico, surge a nova oportunidade de conhecer e aprofundar nossa amizade com Jesus!

O *Álbum Litúrgico-Catequético – No Caminho de Jesus* – é um meio para ajudá-los a aproximarem-se de Jesus. Para isso, as atividades e reflexões propostas têm o objetivo de contribuir no entendimento dos ensinamentos de Jesus, para poder assumir um compromisso com Ele, de praticar os valores cristãos e anunciar às pessoas sua mensagem de amor.

Nesta experiência, os catequistas e os familiares serão nossos grandes colaboradores no uso deste material, pois ajudarão os catequizandos a melhor entender a mensagem do Evangelho e a realizarem as atividades. O *Álbum Litúrgico-Catequético* possibilita a experiência de conhecer os valores cristãos para saber como praticá-los, valorizando a vida e ajudando as pessoas que precisam de nós, seguindo o que Jesus nos ensinou.

Ficaremos muito felizes em receber suas sugestões e experiências com o *Álbum*! Escreva-nos!

Com carinho, o nosso abraço e o desejo de um ano de muitas descobertas *No Caminho de Jesus*!

Francine e Viviane

francine.porfirio@gmail.com

vmdaldegan@uol.com.br

Neste mês iniciamos um novo Ano Litúrgico, o Ano A!

VOCÊ SABE POR QUE ISSO ACONTECE?

O Ano Litúrgico recomeça a cada três anos, distribuídos em Anos A, B e C. Em cada um deles há um evangelista principal:

Ano A	Ano B	Ano C
Mateus	Marcos	Lucas

Em todos os anos, o Evangelho de João está presente.

CURIOSIDADE

O primeiro tempo do Ano Litúrgico é o Advento, quando nos preparamos para celebrar o nascimento de Jesus. Nesse período, relembramos que Deus atua na nossa história por meio de seu Filho, nos convidando a melhorar como povo de Deus, colaborando para promover o amor e a paz no mundo.

1º DOMINGO DO ADVENTO

Mt 24,37-44

CONTINUE ATENTO AOS ENSINAMENTOS DE JESUS

Todos os dias você tem a oportunidade de viver o que Jesus ensinou.

27/11/2022

Jesus pede que sejamos vigilantes. Isso significa que, devemos continuar atentos aos ensinamentos d'Ele até seu retorno, sem esquecer de vivê-los.

☼ Converse com sua família e escreva um ensinamento de Jesus que vocês desejam praticar diariamente.

____

____

____

____

____

2º DOMINGO DO ADVENTO

Mt 3,1-12

JOÃO BATISTA ENSINA O CAMINHO QUE LEVA A DEUS

João Batista ensinava que, para Deus, todos somos iguais. Por isso, não cabe a nós julgar quem peca mais ou quem peca menos; o que importa, é o quanto nos esforçamos para cumprir os mandamentos de Deus e o quanto nos arrependemos de nossos erros.

Se João Batista estivesse ensinando hoje, no centro de uma grande cidade, o que ele provavelmente diria?

04/12/2022

☼ Converse com sua família sobre quais poderiam ser as palavras de João Batista hoje e as escreva:

____

____

____

____

3º DOMINGO DO ADVENTO

Mt 11,2-11

O MESSIAS É SIMPLES

João Batista e os judeus esperavam um Messias poderoso e vitorioso, mas Jesus veio pobre, simples, caminhando e convivendo em meio aos marginalizados.

Por isso, no versículo 6, Jesus diz:

11/12/2022

Jesus pede que não fiquemos surpresos com sua obediência e humildade. Ele veio para revelar que Deus liberta, acolhe e cuida de todos, sem distinção.

Reze com sua família:

Senhor Jesus, ensine a todos nós a virtude da humildade. Que sejamos sempre simples para podermos apreciar a beleza gratuita da Criação; e que nossa simplicidade nos aproxime dos irmãos. Amém.

4º DOMINGO DO ADVENTO

Mt 1,18-24

OS VALORES DE JOSÉ

José era um homem justo. Quando Maria surgiu grávida ele poderia tê-la denunciado por traição, mas escolheu protegê-la das severas leis da época. Ao fazer isso, mostrou aceitar a ação de Deus assumindo o papel de colaborar com Ele, acolhendo Jesus como seu filho adotivo, agindo com humanidade e solidariedade. Esses valores, também o fizeram ser escolhido por Deus para a missão de cuidar de Jesus.

18/12/2022

☼ A partir do exemplo de José, quais valores você pretende cultivar? Pinte-os.

BONDADE	EGOÍSMO	JUSTIÇA	PERDÃO	MENTIRA	AMOR
INTOLERÂNCIA	RAIVA	PODER	FÉ	COMPROMISSO	MENTIRA
COMPAIXÃO	RESPONSABILIDADE	SOLIDARIEDADE	CORAGEM	SINCERIDADE	INDISCIPLINA

☼ Converse com sua família sobre os valores de José e respondam:

★ Como esses valores podem ser vividos entre vocês?

____

____

____

25/12/2022: NATAL DO SENHOR

Jo 1,1-18

A PALAVRA SE FEZ HOMEM

Jesus nasceu! Ele é a Palavra de Deus no meio de nós, é quem nos ajuda a conhecer o seu plano de amor.

25/12/2022

☼ Escreva uma mensagem de Natal convidando as pessoas a conhecer o que Jesus nos ensina sobre o amor de Deus, motivando-as a seguir o exemplo de João Batista, testemunhando como podemos praticar esse amor.

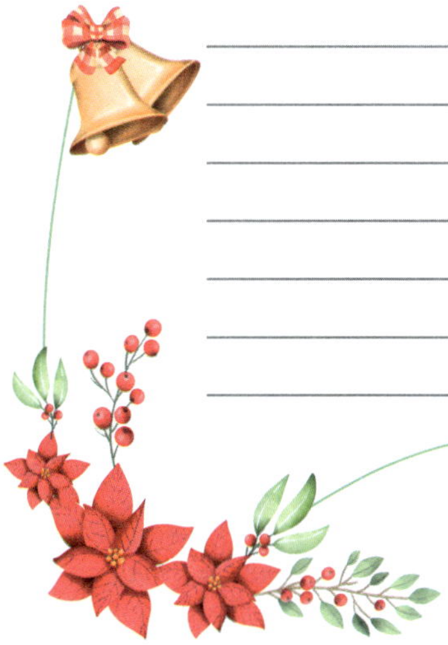

____

____

____

____

____

____

____

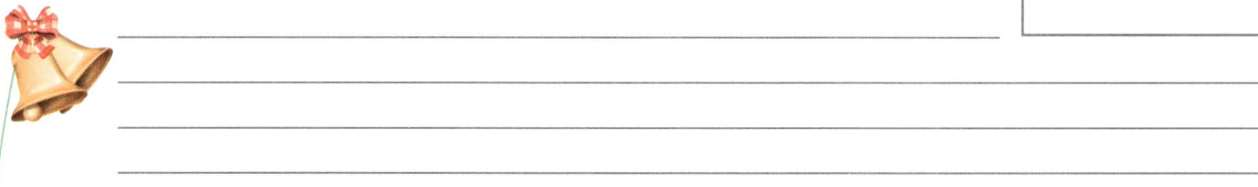

☼ Leia o Evangelho com sua família e conversem sobre:

a. Como estamos acolhendo Jesus em nossas vidas?

b. Qual é a influência da Palavra de Deus em nossas ações?

Mt 2,13-15.19-23

JESUS NASCEU EM UMA FAMÍLIA ESPECIAL

Com sua família, faça uma leitura orante do texto bíblico indicado.

1. Reúna sua família e peça que todos se acomodem de um jeito confortável.
2. Explique que lerá o texto bíblico e peça que prestem atenção a cada palavra, imaginando as cenas descritas.
3. Com calma, leia o texto bíblico e faça um momento de silêncio.
4. Convide um dos familiares para reler o texto bíblico.
5. Após a releitura, faça algumas perguntas para reflexão silenciosa:
   a. O que Deus quer nos ensinar com esse texto?
   b. O que a simplicidade do nascimento de Jesus nos diz sobre o nosso estilo de vida?
   c. A Sagrada Família enfrentou muitos desafios, mas mantiveram o amor, a união e o compromisso com o plano de Deus. O que isso nos ensina sobre viver em família?
   d. O que queremos responder a Deus depois de refletir sobre o texto? Vamos rezar as nossas respostas. Caso se sintam à vontade, as orações de cada um podem ser realizadas em voz alta.
6. Ao final, peça que cada um diga uma palavra que represente seu compromisso com Deus.
7. Conclua o momento rezando em família o Pai-nosso.

☼ Participe das celebrações com sua família. Cole as figurinhas e escreva para cada uma delas o que aprendeu com as leituras bíblicas.

SANTA MÃE DE DEUS, MARIA

Lc 2,16-21

MARIA, A MÃE DO FILHO DE DEUS

Maria medita em seu coração cada acontecimento, porque reconhece a missão de seu filho Jesus.

01/01/2023

EPIFANIA DO SENHOR

Mt 2,1-12

AS VISITAS PARA JESUS

Jesus veio para todos os povos do mundo.

08/01/2023

BATISMO DO SENHOR

Mt 3,13-17

JESUS O FILHO AMADO DE DEUS

Jesus ensina que devemos ser fiéis à missão que Deus nos dá.

☼ Agora é com você: desenhe a figurinha para este Evangelho.

09/01/2023

2º DOMINGO COMUM

Jo 1,29-34

O TESTEMUNHO DE JOÃO BATISTA

João Batista apresenta Jesus, o Cordeiro de Deus.

15/01/2023

3º DOMINGO COMUM

Mt 4,12-23

VINDE COMIGO!

Jesus escolhe os primeiros discípulos.

22/01/2023

4º DOMINGO COMUM

Mt 5,1-12a

O CAMINHO DA FELICIDADE

Jesus ensina o caminho que leva a Deus.

29/01/2023

5º DOMINGO COMUM

Mt 5,13-16

SAL DA TERRA E LUZ DO MUNDO

Jesus nos orienta a sermos o sal da terra e a luz do mundo. Você sabe o que isso significa?

☼ Em cada coluna há um grupo de palavras; identifique a palavra que não pertence ao grupo e pinte-a. Depois, complete a frase com as palavras pintadas.

Carrinhos	Flor	Paraquedas	Chiclete	Jesus	camiseta	Escola
atitudes	árvore	Asa-delta	ensinamentos	Azul	Casaco	amor
Ursinhos	revelam	Parapente	Chocolate	Verde	cultivar	Igreja
Bonecas	Folhas	compromisso	bala	Amarelo	Calça	casa

As nossas ______________ ______________ o nosso ______________ com os ______________ de ______________. São com as nossas atitudes, portanto, que podemos ______________ o ______________ de Deus no dia a dia.

05/02/2023

Reflita com sua família:

★ Quais atitudes revelam o compromisso de vocês como cristãos?

6º DOMINGO COMUM

Mt 5,17-37

A VIDA DO CRISTÃO

Mesmo na época de Jesus, quem dizia amar a Deus precisava cumprir algumas regras. Jesus ensina algumas delas neste Evangelho. Vejamos:

SER JUSTO.
NÃO FERIR OU ENGANAR O OUTRO.
SER VERDADEIRO E NÃO MENTIR.
PERDOAR E PEDIR PERDÃO.

Como podemos cumprir essas regras no cotidiano?

☼ Converse com sua família sobre uma situação envolvendo algumas das regras apresentadas, depois desenhe sua resposta.

12/02/2023

7º DOMINGO COMUM

Mt 5,38-48

O CAMINHO PARA A PAZ

Quando estamos magoados, podemos sentir raiva de quem nos feriu. Jesus ensina, neste Evangelho, que não devemos alimentar essa raiva, e sim tentar perdoar e entender o outro.

Conseguimos fazer isso exercitando algumas atitudes que nos ajudam a resolver os conflitos de modo pacífico.

☼ No labirinto, encontre o caminho com as palavras que nos reconciliam com o outro, quando estamos magoados.

19/02/2023

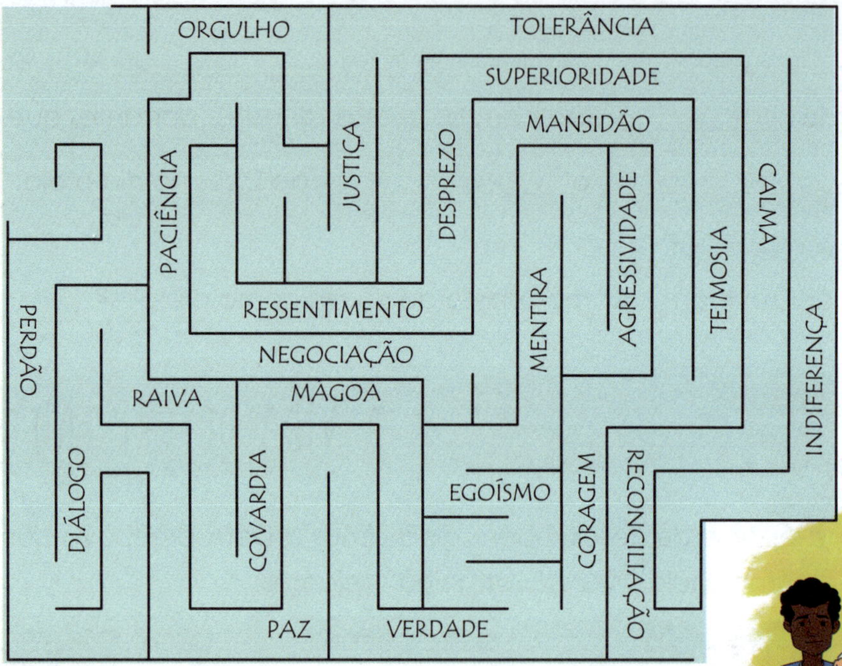
ORGULHO
TOLERÂNCIA
SUPERIORIDADE
MANSIDÃO
PACIÊNCIA
JUSTIÇA
DESPREZO
AGRESSIVIDADE
CALMA
TEIMOSIA
MENTIRA
RESSENTIMENTO
NEGOCIAÇÃO
PERDÃO
RAIVA
MÁGOA
INDIFERENÇA
DIÁLOGO
COVARDIA
EGOÍSMO
CORAGEM
RECONCILIAÇÃO
PAZ
VERDADE

22/02/2023
QUARTA-FEIRA DE CINZAS

Mt 6,1-6.16-18

Nesta quarta-feira iniciaremos a Quaresma! Este é um importante período de reflexão, pois buscamos rever nosso compromisso com Jesus e melhorar como cristãos. Participe das celebrações de preparação para a Páscoa!

1º DOMINGO DA QUARESMA

Mt 4,1-11

AS ESCOLHAS DO CRISTÃO

26/02/2023

A nossa vida é cheia de escolhas: o que comer, o que vestir, o que dizer, o que fazer... Se seguimos Jesus, devemos nos inspirar nas atitudes d'Ele.

☼ Complete a frase organizando as sílabas de acordo com as cores correspondentes..

vem en re pro de na tir so fle mis si com

Neste Evangelho, Jesus nos ____________________ que as nossas escolhas ______________ sempre ____________________ nosso ______________ como cristãos.

HOJE PRECISO AJUDAR MINHA MÃE A LIMPAR A CASA. QUE CHATO!
QUE TAL MENTIR PARA ELA QUE PRECISAMOS ESTUDAR? PODEMOS IR PARA MINHA CASA ASSISTIR A UM FILME, EM VEZ DE VOCÊ PASSAR A TARDE AJUDANDO SUA MÃE

Leia o diálogo com sua família e reflitam:

a. A proposta da amiga apresenta a tentação da mentira. Qual resposta seria a mais coerente com os ensinamentos de Jesus?

b. Quais são as tentações, hoje, que podem afastar vocês de Deus?

2º DOMINGO DA QUARESMA

Mt 17,1-9

É PRECISO OUVIR JESUS

ESCUTAI-O, orientou Deus sobre Jesus.

Mas como podemos ouvir Jesus?

☼ Observe as ilustrações:

_____________________, ir à _____________________, ler a _____________________, contemplar a _________________________________ e participar dos encontros de _____________________ são momentos nos quais Jesus fala com a gente. Para ouvi-lo, precisamos cultivar esses momentos.

☼ Responda às charadas para completar a frase.

05/03/2023

a. "Cortar" – "c" – "t".

b. Primeira sílaba de "misto-quente" + segunda sílaba de "asa".

c. Livro sagrado dos cristãos.

d. Quando protegemos plantas e animais, estamos protegendo a...

e. Catequista é quem realiza os encontros de...

Celebrando com sua família

★ Reúna a sua família e leiam juntos o texto bíblico seguindo as orientações.

1. Leia pausadamente cada versículo.
2. Peça que fechem os olhos e respirem profundamente três vezes.
3. Pergunte:
   a. Onde se passa a cena lida?
   b. O que aconteceu quando Jesus e seus discípulos subiram o monte?
   c. O que a voz disse sobre Jesus?
   d. Por que os discípulos sentiram medo?
   e. O que Jesus pediu aos discípulos?
4. Com sua família, observe as ilustrações deste domingo e façam juntos a oração:

   Senhor Jesus, ajude a nossa família a sempre ouvir seus ensinamentos e fortaleça a nossa fé para não sentirmos medo de segui-los. Que possamos aprender cada vez mais sobre o Senhor, participando da Igreja e cumprindo a missão que nos deixou. Amém.

5. Conclua o momento com o sinal da cruz.

3º DOMINGO DA QUARESMA

Jo 4,5-42

JESUS NOS ENSINA A NÃO JULGAR

Na época de Jesus, não era comum que samaritanos e judeus conversassem. Os samaritanos eram muito criticados pelo seu estilo de vida e, nesse Evangelho, aprendemos com Jesus que não devemos julgar ninguém.

Muitas são as razões pelas quais pessoas julgam umas às outras, tais como:

JEITO DE AGIR
CULTURA
CRENÇAS
JEITO DE SER
JEITO DE FALAR
VESTES E ACESSÓRIOS

VEM BRINCAR COM A GENTE, ELISA!
12/03/2023

A samaritana representa todas as pessoas vítimas de julgamentos. E quem julga, são aqueles que não conhecem, ou não se aproximam dessas pessoas para entender a sua realidade.

☼ Converse com sua família, ou colegas da catequese, sobre quem são as pessoas que hoje sofrem julgamentos, sendo marginalizadas por não se encaixarem nos padrões da sociedade. Depois, desenhe algumas dessas pessoas.

Quando Jesus conversa com a samaritana, Ele faz algo muito especial, que deseja que todos nós passemos a fazer: incluir os excluídos.

☼ Pesquise o que significa a palavra e descreva-a.

INCLUSÃO: ______________________________

____

____

____

____

____

Reze com sua família:

Senhor Jesus, que nunca nos falte sensibilidade para ver e entender o próximo. Que a sua bondade cresça em nossos corações para que sempre sejamos justos e acolhedores com os mais necessitados. Amém.

4º DOMINGO DA QUARESMA

Jo 9,1-41

JESUS AJUDA AS PESSOAS

19/03/2023

Na época de Jesus, era lei "guardar o sábado", dia para descansar e dedicar tempo às coisas de Deus. Por isso, quando curou alguém no sábado, Ele foi acusado, pelos fariseus, de desobediência. Neste Evangelho, Jesus nos ensina que não há "dia certo" para ajudar alguém, pois nenhuma lei deve se tornar mais importante do que o valor da vida.

Hoje não temos leis que impeçam gestos de bondade, mas outros limites podem dificultar bastante isso.

☼ Observe e analise as cenas:

A MINHA MÃE SEMPRE FAZ TUDO SOZINHA. EU PODERIA LAVAR A LOUÇA OU VARRER A CASA, HOJE, PARA AJUDAR, MAS E SE PRECISAR FAZER ISSO TODO DIA? MELHOR NEM COMEÇAR.
AQUELES MENINOS ESTÃO AGREDINDO O MIGUEL DE NOVO. EU QUERIA AJUDAR, MAS E SE ELES COMEÇAREM A ME PERSEGUIR TAMBÉM? MELHOR IGNORAR.
AQUELA SENHORA PARECE ESTAR CANSADA. PODERIA LHE DAR MEU LUGAR, MAS E SE ELA RECUSAR? VOU PASSAR VERGONHA! MELHOR DEIXAR PRA LÁ.

☼ Converse com sua família, ou colegas de catequese, sobre as atitudes apresentadas nas cenas respondendo às perguntas:

a. Vergonha, medo ou preguiça podem atrapalhar sua disposição para ajudar as pessoas?

b. Como vencer a vergonha, o medo ou a preguiça para ajudar alguém?

c. Pense sobre como você pode ajudar mais as pessoas, seguindo o exemplo de Jesus. Depois escreva sua ideia em forma de oração.

5º DOMINGO DA QUARESMA

Jo 11,1-45

CONFIE EM JESUS

Para completar a frase, encontre as palavras seguindo a orientação da linha e coluna.

O amor de Jesus por nós é corajoso. No ________ (B1) das ________ (D1), Jesus ________ (C2) ao nosso ________ (E2) para nos ________ (A3).

26/03/2023

	1	2	3
A	Igreja	próximo	salvar
B	momento	poder	catequese
C	caridade	vem	Bíblia
D	dificuldades	cura	paciência
E	bondade	encontro	Salvação

Neste Evangelho, vemos que confiar em Jesus nos assegura a vida eterna, a vida ao seu lado no Reino de Deus!

Medite esse Evangelho

1. Acomode-se em um lugar silencioso.
2. De olhos fechados, relaxe o corpo e respire profundamente até se sentir calmo.
3. Releia o Evangelho e imagine as cenas descritas.
4. Repita três vezes o mantra: "Assim como Lázaro, se crermos, viveremos para sempre! ".
5. Faça uma oração espontânea pedindo a Jesus coragem para confiar que Ele sempre estará ao seu lado na missão de ajudar os irmãos necessitados.

SUGESTÃO: Depois de meditar sozinho esse Evangelho que tal meditá-lo com sua família?

DOMINGO DE RAMOS

Mt 21,1-11

JESUS É A ESPERANÇA DO POVO

Quando Jesus chegou a Jerusalém foi acolhido com muita alegria!

Descubra as palavras que completam o texto organizando as sílabas de acordo com as cores.

GI	CON	ÇA	SAM	PE	GUAL	PRE
RA	MAR	TOS	BRES	TA	DE	LI
NA	ES	I	RAN	CEI	PO	DOS
ZA	DA	JUS	DOS	PA	DE	

02/04/2023

Isso aconteceu porque Jesus tratava a todos com ____________________. Para os ____________________, doentes e os ____________________, Jesus representava uma vida mais ____________________ e livre dos ____________________ da sociedade. Ele se tornou a ____________________ do povo ____________________.

Sobre o pequeno jumento, Jesus entrou na cidade com humildade e simplicidade, sem extravagâncias. Ele mostrou que sempre estaria próximo das pessoas que precisavam d'Ele.

Pare e pense:

Como você tem acolhido Jesus em sua vida?

Fazendo arte

★ Que tal produzir um cartaz com suas palavras de acolhimento a Jesus?

1. Você vai precisar de uma cartolina, canetinhas e purpurina coloridas, revistas para recorte, tesoura e cola.
2. Pense sobre quais palavras gostaria de dizer a Jesus ao acolhê-lo em sua vida e escreva-as na cartolina.
3. Procure imagens, em revistas e outros recursos, para representar o que quer dizer a Jesus. Recorte e cole-as no seu cartaz.
4. Decore seu cartaz com desenhos e purpurina colorida.
5. Que tal apresentar o cartaz para sua família? Explique o texto bíblico deste domingo para ajudá-los a entender a sua mensagem a Jesus.

SUGESTÃO: O cartaz pode decorar seu quarto, ou a sala da catequese.

Semana Santa

No Domingo de Ramos iniciamos a **Semana Santa**, que terminará no Domingo de Páscoa. Com sua família, participe das celebrações para relembrar os últimos dias da vida terrena de Jesus!

Nesta semana refletimos sobre o que aconteceu com Jesus antes de sua ressurreição. Convide sua família para participarem das celebrações e conversem sobre o que aprenderam. Juntos, colem as figurinhas e escrevam o que desejam, sempre se lembrar de cada Evangelho.

CEIA DO SENHOR

Jo 13,1-15

UMA REFEIÇÃO ESPECIAL

AMAR E SERVIR O PRÓXIMO

06/04/2023

PAIXÃO DO SENHOR

Jo 18,1–19,42

JESUS É CONDENADO

07/04/2023

VIGÍLIA PASCAL

Mt 28,1-10

ONDE ESTÁ JESUS?

08/04/2023

PÁSCOA DO SENHOR

Jo 20,1-9

JESUS VIVE, ALELUIA!

09/04/2023

Hoje celebramos a ressurreição de Jesus! Ele ______________
⁂🦋##✋#📎↻◈Ô✋

para que ______________ ______________ na ______________ e
⌘Ô##ÕğÔ#   📎⁂🦋⁂   ⌘Õ♥Õ♫⁂Õ

no ______________ de Deus por __________.
Õ🎁Ô⁂   ☆@#

A	C	E	I	L	M	N	O	P	R	S	T	U	V	Ó
Õ	📎	🦋	↻	♥	🎁	☆	Ô	⌘	⁂	#	◈	✋	♫	@

☼ Substitua os códigos pelas letras correspondentes e complete a frase.

Confiantes em seus ensinamentos, podemos seguir Jesus de todo o coração. Ele nos convida a nos aproximar e ser seus amigos, sem nunca nos abandonar.

☼ Compartilhe a mensagem deste Evangelho fazendo um desenho para mostrar à sua família e seus colegas de catequese.

Jo 20,19-31

CONTINUANDO A MISSÃO DE JESUS

Neste Evangelho, aprendemos que Jesus nos deixou um importante presente antes de sua Ascensão. Você sabe o que é?

☼ Para descobrir, siga a ordem do quebra-cabeça, montando-o e anotando a resposta de acordo com as peças correspondentes.

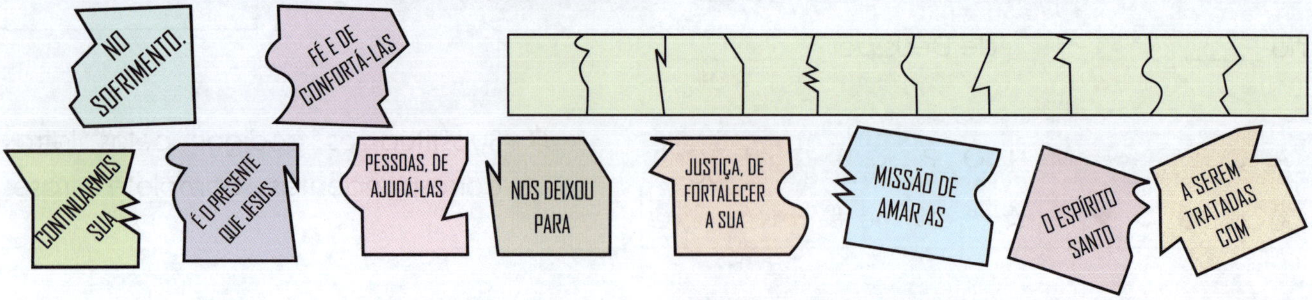
NO SOFRIMENTO.
FÉ E DE CONFORTÁ-LAS
CONTINUARMOS SUA
É O PRESENTE QUE JESUS
PESSOAS, DE AJUDÁ-LAS
NOS DEIXOU PARA
JUSTIÇA, DE FORTALECER A SUA
MISSÃO DE AMAR AS
O ESPÍRITO SANTO
A SEREM TRATADAS COM

16/04/2023

Jesus nos convida a segui-lo sem medo, porque o Espírito Santo nos fortalece para continuarmos sua missão.

Celebrando com sua família

★ Reúna sua família para lerem juntos o texto bíblico seguindo as orientações:

1. Organize um lugar com flores e objetos religiosos, para colocar a Bíblia.
2. Convide a todos para se acomodarem e peça à alguém para ler o texto bíblico deste domingo. Depois, motive a repetirem juntos o final do versículo 29: *"Felizes os que não viram e creram"*.
3. Peça para refletirem em silêncio sobre as perguntas:
   a. Como está minha fé nas promessas e nos ensinamentos de Jesus?
   b. Estou sendo fiel à missão que Jesus nos deixou, de levar o amor de Deus as pessoas?
   c. Como posso melhorar meu relacionamento com Jesus?
4. Encerre o momento convidando todos a rezarem juntos:

Querido Jesus, que o Espírito Santo, com o qual nos presenteou, guie nossas escolhas, palavras e atitudes para que sempre estejamos pertinho do Senhor. Amém.

3º DOMINGO DA PÁSCOA

Lc 24,13-35

JESUS É UM BOM AMIGO

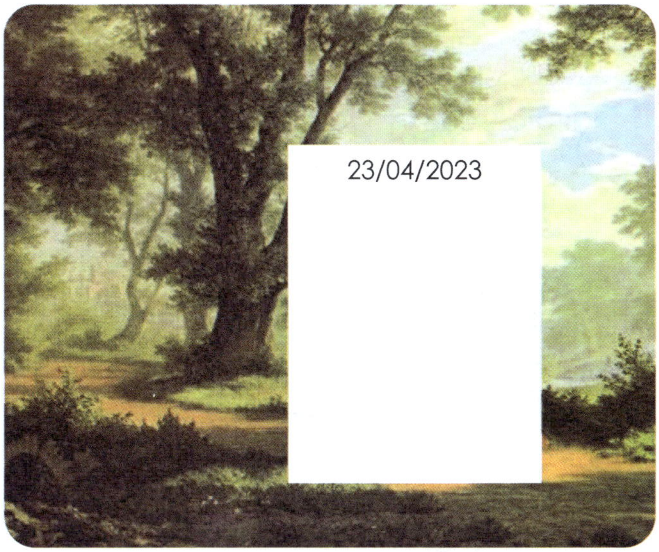

23/04/2023

Robert Zund

Depois da morte de Jesus, os discípulos estavam tristes e confusos a caminho de Emaús. Eles não sabiam o que fazer. De tão tristes, quando Jesus ressuscitado se aproximou deles, eles não o reconheceram. Como um bom amigo, Jesus não brigou com eles e relembrou-os das Escrituras. Jesus queria que os discípulos renovassem a esperança.

É MUITO BOM CONTAR COM UM AMIGO QUE NOS OUVE E AJUDA A ENTENDER O QUE ESTÁ ACONTECENDO.
É POR ISSO QUE OS DISCÍPULOS CONVIDARAM JESUS PARA FICAR MAIS TEMPO FAZENDO-LHES COMPANHIA.

Mesmo que não reconhecessem Jesus, os discípulos o acolheram como um novo amigo e abriram seus corações para recebê-lo em suas vidas.

- Escreva uma oração pedindo ao amigo Jesus que sempre ajude você a entender seus ensinamentos. Assim como fizeram os discípulos, não se esqueça de convidá-lo para ficar em sua companhia.

____

____

____

____

____

____

SUGESTÃO: Que tal reunir a família para rezarem juntos a sua oração?

4º DOMINGO DA PÁSCOA

Jo 10,1-10

SOMOS AS OVELHAS DO BOM PASTOR

justiça
compaixão
perdão
solidariedade
respeito
bondade
esperança
fé

Jesus nos chama todos os dias, orientando nossos passos para não cairmos nas armadilhas que nos afastam de sua presença.

Quem segue Jesus, ouve sua voz.

Você sabe o que isso quer dizer?

Somos as ovelhas queridas do Bom Pastor, por isso, nossas atitudes devem revelar que pertencemos ao seu rebanho.

Quem segue Jesus ________ (12+3) seus ________ (45−9), ________ (72+23) quem ________ (13+41+2), ________ (9+15−4) as pessoas, ________ (13−2+1) da ________ (10−4+67), ________ (3+8) a Palavra de Deus e ________ (21+5−9) o ________ (8−6+4).

☼ Resolva os cálculos e complete a frase com as palavras que correspondem aos resultados.

20 → respeita	95 → ajuda
56 → precisa	73 → natureza
11 → estuda	17 → pratica
36 → ensinamentos	15 → ouve
6 → perdão	12 → cuida

30/04/2023

A Igreja reúne as ovelhas de Jesus.

Converse com sua família:

★ Observando suas atitudes, as pessoas que conhecem vocês percebem o seu compromisso de seguir Jesus?

5º DOMINGO DA PÁSCOA

Jo 14,1-12

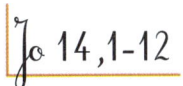

JESUS NOS CONDUZ A DEUS

Você sabe por que na catequese falamos tanto de Jesus?

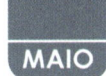

☼ Descubra organizando as letras conforme as setas.

_ _ _ _ _ _ _ _ _ _ _ _ _ é _ _ _ _ _ _ _ _ _ _ _

E R H E C N O C U S J E S N F D M A U T N L E A

_ _ _ _ _ _ _ _ _ _ _ _ _ _ _ _

R A A P H E C R C N O E U S D E

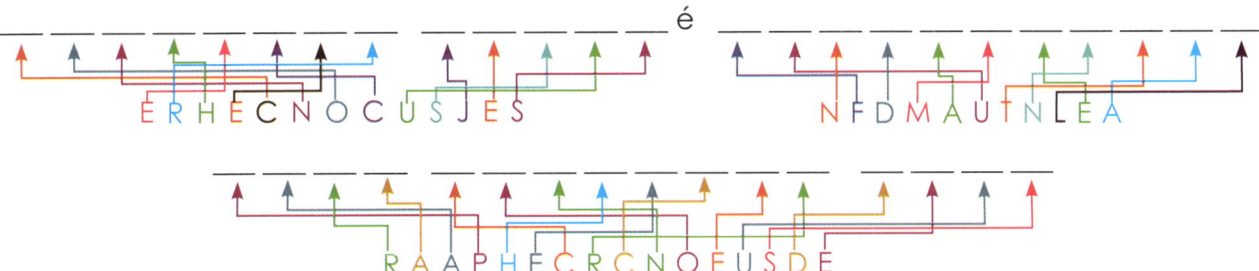

Deus se revela em cada atitude de Jesus. Por isso, quando nos aproximamos d'Ele estamos também nos aproximando do Pai.

☼ Converse com sua família sobre como podemos nos aproximar de Jesus e escreva, a seguir, uma lista das ideias que surgirem.

07/05/2023

SUGESTÃO: Que tal divulgar sua lista aos colegas de catequese? Use a criatividade e peça ajuda da sua família!

6º DOMINGO DA PÁSCOA

Jo 14,15-21

O QUE APRENDEMOS COM JESUS

14/05/2023

Como seguidores de Jesus, devemos praticar os ensinamentos que Ele deixou. Quando fazemos isso, testemunhamos o nosso compromisso de cristão para as pessoas ao nosso redor.

CATEQUESE

Você sabe o que isso quer dizer?

☼ Associe os pontinhos verdes no **Quadro A** as palavras correspondentes no **Quadro B**, da esquerda para a direita, para encontrar a resposta.

Quadro A

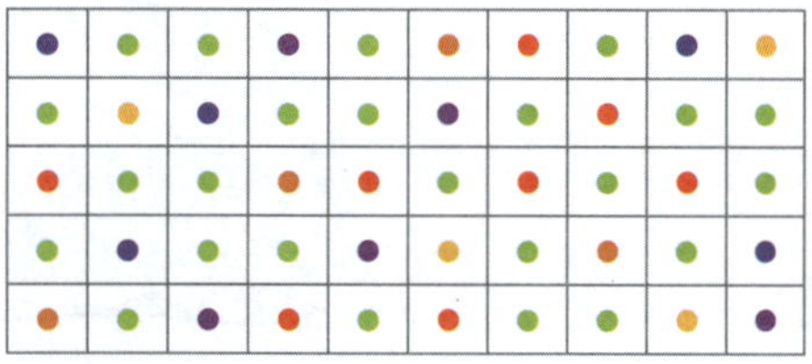

____

____

____

____

____

Quadro B

planos	O	que	bondade	fazemos	juntos	leva	nos	livro	causa
identifica	Igreja	podem	como	seguidores	padre	de	fé	Jesus.	São
Jesus	nossas	atitudes,	Bíblia	entender	portanto,	que	que	povo	revelam
para	caminho	as	pessoas	sabedoria	das	os	paz	valores	move
estrela	que	catequese	queria	aprendemos	Palavra	com	Ele.	feliz	livre

☼ Complete a frase com as vogais que faltam.

Quando pr ___ t ___ c ___ m
___ s o que Jesus ensinou,
contamos com a ___ j ___ d ___
especial do ___ sp ___ r ___ t ___
S ___ nt ___. Ele mantém v___v___
em nosso coração o ___ m ___ r
que sentimos por Jesus.

Apresente à sua família as atividades deste domingo e façam juntos a oração de invocação ao Espírito Santo:

Vinde, Espírito Santo, enchei os corações de vossos fiéis e acendei neles o fogo do vosso amor. Enviai o vosso Espírito e tudo será criado, e renovareis a face da Terra.

Oremos: *Deus, que instruístes os corações dos vossos fiéis com a luz do Espírito Santo, fazei que apreciemos retamente todas as coisas segundo o mesmo Espírito, e gozemos sempre de sua consolação. Por Cristo, Senhor Nosso. Amém!*

Mt 28,16-20

ANUNCIAMOS O AMOR DE DEUS

Neste Evangelho, Jesus pediu aos discípulos que anunciassem o que aprenderam com Ele para todas as pessoas. Jesus queria que elas também pudessem aprender sobre o amor de Deus.

21/05/2023

☼ Complete a frase ordenando as sílabas de acordo com as cores.

Hoje nós somos os discípulos de Jesus, por isso, herdamos a missão de anunciar os ensinamentos d'Ele. Nós ________ isso quando as ________ ________ o amor de ________ no modo como ________ e agimos, isto é, com ________, amor ao ________, cuidado, senso de ________, ajuda às ________ do outro e ________.

DES COM CE
XI ÇA PEI CES LA PES US MOS SI TI MO
DA BEM MOS XÃO RES SO JUS FA NE PER FA
TO PRÓ ZE AS DE PAI

Pare e pense:

O jeito como você fala e age, revela o amor de Deus?

☼ Que tal meditar a mensagem deste Evangelho? Você pode fazer isso seguindo as orientações.

1. Procure um lugar calmo e silencioso, onde você se sinta confortável.
2. Leia o Evangelho devagar e com atenção a cada palavra.
3. Feche os olhos e respire profundamente até sentir que seu corpo está relaxado.
4. Lembre-se dos momentos mais marcantes dessa semana que acaba de passar. Silenciosamente e com muita sinceridade, responda:

   a. Como você agiu e o que disse nesses momentos?

   b. Suas palavras e atitudes revelaram o amor de Deus para as pessoas?

   c. Há algo que você melhoraria?

5. Faça uma oração espontânea a Deus, pedindo para que suas palavras e atitudes sempre anunciem os ensinamentos de: justiça, solidariedade, amor ao próximo e compaixão, ensinados por Jesus.

SUGESTÃO: Depois de realizar essa meditação sozinho, realize-a com sua família.

PENTECOSTES

Jo 20,19-23

ESCOLHAS QUE APROXIMAM DE JESUS

28/05/2023

Hoje celebramos Pentecostes, pois 50 dias se passaram desde a Páscoa, a ressurreição de Jesus.

Neste Evangelho, lembramos que Jesus nos deixou o Espírito Santo para nos ajudar a reconhecer quais escolhas nos mantêm próximos d'Ele.

Você saberia reconhecer essas escolhas?

☼ Marque um X nas escolhas que aproximam você de Jesus.

- ◯ Escolher a compaixão, em vez da raiva.
- ◯ Escolher o orgulho, em vez da justiça.
- ◯ Escolher o perdão, em vez da mágoa.
- ◯ Escolher a coragem, em vez do silêncio.
- ◯ Escolher a esperança, em vez do pessimismo.
- ◯ Escolher a mentira, em vez da verdade.

SUGESTÃO: Converse com sua família sobre essa atividade e reflitam juntos sobre quais dificuldades, às vezes, nos impedem de fazer as escolhas que nos aproximam de Jesus.

Em Pentecostes, celebramos, também, o momento em que Jesus deixou o Espírito Santo para nos motivar na prática do bem, ajudando-nos a ser seus discípulos.

☼ Leia a história em quadrinhos.

ESTE SINAL DE PEDESTRES FECHA RÁPIDO. SERÁ QUE ESTE SENHOR VAI CONSEGUIR ATRAVESSAR SOZINHO?
BI BI BI BI
SE EU TIVESSE AJUDADO, ELE JÁ ESTARIA DO OUTRO LADO...

Nessa história, o menino escolheu não ajudar o senhor cadeirante a atravessar a rua.

Pare e pense:

Será que essa escolha nos aproxima de Jesus?

☼ Desenhe o que poderia ter acontecido se o pedestre cadeirante tivesse recebido ajuda para atravessar a rua.

SANTÍSSIMA TRINDADE

Jo 3,16-18

A MAIOR PROVA DO AMOR DE DEUS

Celebramos hoje a Santíssima Trindade, exemplo de unidade e comunidade de amor que reúne o Pai, o Filho e o Espírito Santo.

O Evangelho nos lembra a maior prova do amor de Deus.

☼ Releia os versículos 16 e 17, em seguida, complete a frase para conhecer qual é a prova do amor de Deus.

Deus amou tanto o mundo...

____

____

____

____

____

____

Sempre que fazemos o sinal da cruz estamos invocando a atuação da Santíssima Trindade em nossas vidas. É uma forma de pedirmos sua proteção e orientação para que nossas escolhas nos mantenham próximos de Deus, de Jesus e do Espírito Santo.

☼ Convide sua família para fazerem juntos a oração do Sinal da Santa Cruz:

a. Explique que esta oração fortalece nossa fé na Santíssima Trindade, além de pedir proteção em nossas vidas.

b. Dê o modelo dizendo:

"Pelo sinal da Santa Cruz," (faça uma cruz com o polegar na própria testa)

"livrai-nos, Deus, Nosso Senhor," (faça uma cruz com o polegar sobre os lábios)

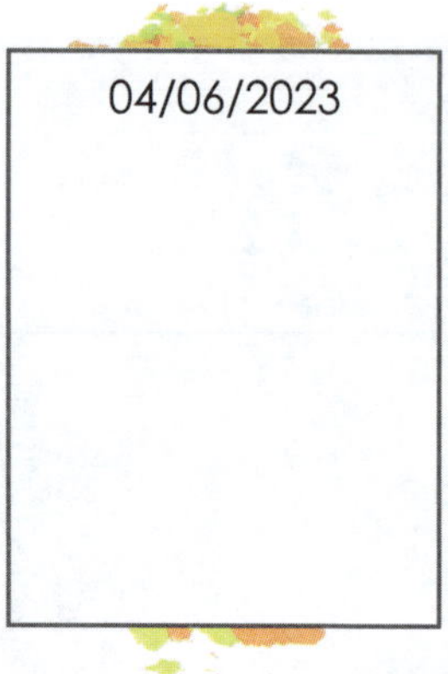
04/06/2023

"dos nossos inimigos." (Faça uma cruz com o polegar sobre o coração)

c. Peça que todos rezem com você, fazendo os gestos que você indicou:

Pelo sinal da Santa Cruz, livrai-nos, Deus, Nosso Senhor, dos nossos inimigos.

Em nome do Pai e do Filho e do Espírito Santo. Amém!

SUGESTÃO: Que tal invocar a Santíssima Trindade todos os dias, para que suas atitudes e pensamentos sejam sempre influenciados pelo amor de Deus? Faça essa oração todas as manhãs!

Na próxima quinta-feira será **Corpus Christi**, quando a comunidade expressa sua fé no mistério da Eucaristia. Participe com sua família da celebração em sua comunidade e leiam juntos: Jo 6,51-58.

10º DOMINGO COMUM

Mt 9,9-13

JESUS VEIO PARA QUEM PRECISA

Na época de Jesus, os cobradores de impostos costumavam compensar as más condições de seu trabalho explorando o povo. Por isso, eram considerados pecadores.

Quando Jesus chamou Mateus para segui-lo, as pessoas não entenderam porquê chamar, justamente, alguém impuro, que cometia esse tipo de pecado.

☼ Para entender as razões de Jesus, siga a linha e encontre as palavras que completam a frase.

Jesus nos ensina neste Evangelho, que ________________ é ________________ do que ninguém. Diante do ________________ de ________________, todos somos ________________. Além disso, Jesus ________________ para ________________, para ________________ pessoas a ________________ seus ensinamentos e ________________ a fazer o ________________. Mateus ________________ ________________ a se ________________ uma pessoa ________________, por isso, ________________ o ________________.

ninguém	Paz	catequese	perdão	ajudar	vitória	Fazer	mais	lazer	chamou
melhor	Igreja	irmão	desfazer	vidas	assumirem	amizade	ontem	Jesus	alegre
pessoas	amor	difícil	transformar	Amigos	aprenderem	pouco	melhor	bom	sorriso
podem	Amigos	Deus	Veio	Fossem	compromisso	bem	tornar	fé	rezar
justas	Bíblia	iguais	Jeito	Perda	alguém	precisava	aprender	livro	capela

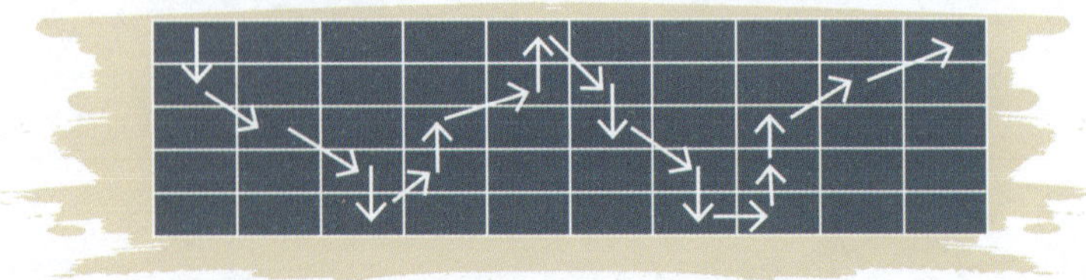

☼ Apresente a resposta que encontrou para a sua família e, juntos, façam uma oração espontânea, pedindo a ajuda do Espírito Santo para nunca agirem como se fossem melhor do que alguém, cultivando a humildade e solidariedade no dia a dia.

11/06/2023

11º DOMINGO COMUM

Mt 9,36–10,8

FAZER O BEM DE GRAÇA

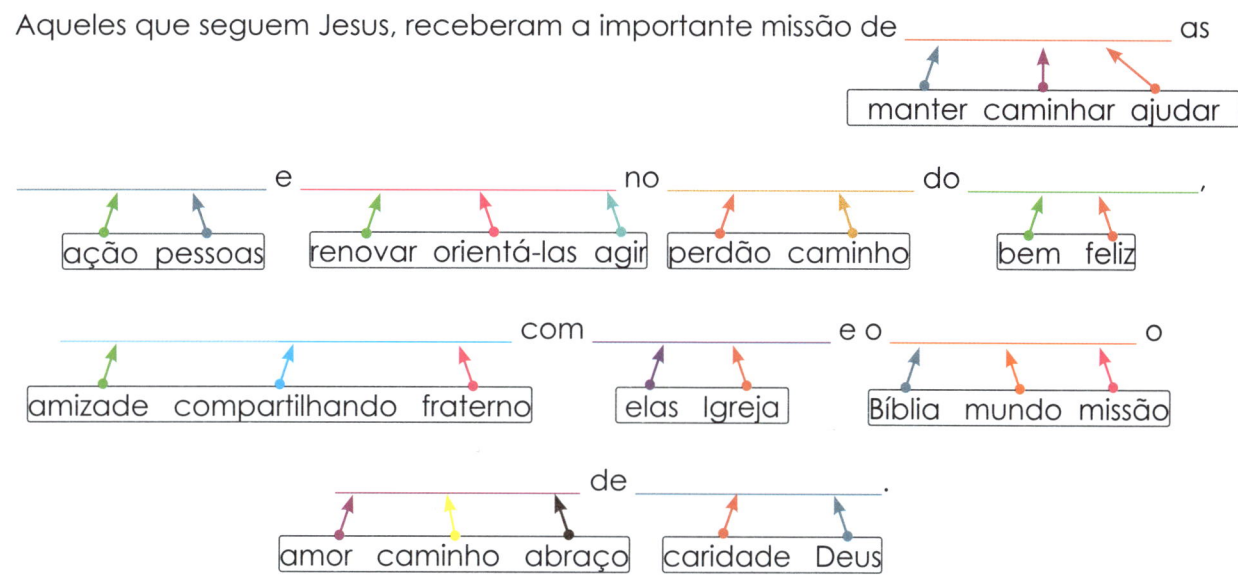

Aqueles que seguem Jesus, receberam a importante missão de ______________ as

manter caminhar ajudar

______________ e ______________ no ______________ do ______________,

ação pessoas | renovar orientá-las agir | perdão caminho | bem feliz

______________ com ______________ e o ______________ o

amizade compartilhando fraterno | elas Igreja | Bíblia mundo missão

______________ de ______________.

amor caminho abraço | caridade Deus

☼ Siga as setas conforme a cor das linhas para completar a frase acima.

☼ Releia Mt 10,8 e complete o que Jesus disse.

Recebestes de graça,

____

______________!

18/06/2023

Para cumprir a missão que Jesus nos deu, devemos fazê-lo sem esperar retorno.

Muitas pessoas fazem o bem esperando serem reconhecidas por isso, mas a bondade que Jesus espera de nós é diferente, é uma bondade feita de coração, sem segundas intenções.

Pare e pense:

Você tem feito o bem para ser visto pelos outros, ou porque sente, de verdade, o desejo de ajudar o próximo?

12º DOMINGO COMUM

Mt 10,26-33

SEGUINDO JESUS TODO O TEMPO

Muitas vezes, perdemos a oportunidade de expressar o que aprendemos com Jesus por vergonha ou medo de como as pessoas reagirão.

☼ Leia o diálogo a seguir.

Minha mãe sempre diz que não devemos ajudar os pobres, senão eles se acostumam e não se esforçam para sair da pobreza.
Será assim mesmo? O que você acha Alice?
Talvez vocês não gostem da minha opinião, mas já contei com a ajuda de estranhos para subir escadas ou uma ladeira. Seria muito insensível se todos achassem que não se deve ajudar os cadeirantes para que eles aprendam a se virar sozinhos. Devemos fazer os dois: ajudar e lutar por melhores condições, para que essas pessoas sejam capazes de viver sozinhas. Penso o mesmo sobre os pobres...

Alice poderia ter apenas concordado com a amiga, mas preferiu compartilhar a sua opinião, mesmo sabendo que iriam contrariá-la. Vemos na resposta de Alice alguns valores que Jesus nos ensinou!

☼ Encontre esses valores no caça-palavras.

I	S	H	Ç	F	C	B	J	Q	G
B	O	N	D	A	D	E	U	G	H
W	L	W	L	Y	Y	E	S	V	R
Q	I	S	Ç	U	G	R	T	B	T
V	D	D	L	H	H	F	I	N	R
B	A	F	H	G	A	G	Ç	M	Y
N	R	G	C	U	I	D	A	D	O
M	I	H	N	W	I	N	G	Q	A
F	E	M	P	A	T	I	A	W	J
C	D	J	O	F	Y	P	F	R	U
A	A	H	N	Z	U	H	D	R	D
E	D	K	A	M	O	R	S	F	A
S	E	R	V	I	Ç	O	C	X	J

Jesus nos pede para agirmos como seus seguidores sempre, não apenas em alguns momentos. Somente assim, todos que nos conhecem compreenderão que nossas atitudes revelam o que aprendemos sobre o amor de Deus.

25/06/2023

Converse com sua família sobre este Evangelho e reflitam, juntos, sobre a pergunta:

★ Vocês têm agido como seguidores de Jesus no lar que compartilham?

Durante o mês de julho participe de cada celebração com sua família!

Juntos, colem as figurinhas e escrevam um título para cada Evangelho, segundo o que aprenderam.

02/07/2023

S. PEDRO E S. PAULO

Mt 16,13-19

"Tu és o Cristo, o Filho de Deus vivo."

09/07/2023

14º DOMINGO COMUM

Mt 11,25-30

"Vinde a mim vós todos, que estais cansados e sobrecarregados, e eu vos darei descanso."

15º DOMINGO COMUM

Mt 13,1-23

"Quem tiver ouvidos, que ouça."

16/07/2023

16º DOMINGO COMUM

Mt 13,24-43

23/07/2023

"Tudo isso Jesus falou à multidão em parábolas..."

30/07/2023

17º DOMINGO COMUM

Mt 13,44-52

"O reino dos céus é semelhante a um tesouro escondido num campo..."

TRANSFIGURAÇÃO DO SENHOR

Mt 17,1-9

A MISSÃO DE QUEM SEGUE JESUS

06/08/2023

Os discípulos que foram com Jesus a um monte e testemunharam a sua transfiguração: viram seu rosto brilhar e suas roupas tornarem-se brancas como a luz. Foi um momento especial, em que foi possível reconhecer o poder do Mestre. Aquele momento, foi um sinal de sua autoridade e de esperança na ressurreição e na vitória sobre a morte.

Neste Evangelho, aprendemos com Jesus que seus discípulos não devem ter medo de levantarem-se para seguir em sua missão. Ainda, vimos que, Deus faz uma orientação a todos.

☼ Descubra qual é a orientação de Deus ordenando as frases.

- a. • • para vivermos seus ensinamentos
- b. • • o Filho amado de Deus,
- c. • • a solidariedade aos necessitados.
- d. • • testemunhando o amor e a justiça,
- e. • • respeitando nossos irmãos e praticando
- f. • • É preciso escutarmos Jesus,

Converse com sua família:

★ Reflitam sobre como têm escutado Jesus. Depois, escolham algumas atitudes que podem praticar como discípulos de Jesus. Encerre este momento com uma oração, pedindo a Jesus para ajudá-los a não terem medo de segui-lo e a usarem seus dons a serviço do desenvolvimento do Reino de Deus.

19º DOMINGO COMUM

Mt 14,22-33

A FÉ EM JESUS

☼ Desenhe três cenas que representem os acontecimentos narrados no Evangelho deste domingo.

13/08/2023

Pedro acreditou que poderia ir ao encontro de Jesus andando sobre as águas, porém, ao sentir o vento forte sentiu medo e começou a afundar, mas Jesus estava próximo dele e o socorreu.

☼ Em que momentos de sua vida você sentiu que Jesus o protegeu, o socorreu? Escreva.

____

____

____

____

Neste Evangelho, há uma palavra que é muito importante em nossa vida de cristãos.

☼ Observe o desenho e encontre as letras que não se repetem para saber qual é. Depois, complete a frase usando esta palavra.

R Q A
F T U S N
I S I U
P P M
B M N A B É
T Q R

Não devemos duvidar da presença de Deus em nossa vida. Pode-se fazer isso cultivando a nossa fazer isso cultivando a nossa ______. Pois, apesar das dificuldades que enfrentamos, podemos ter a certeza de que Ele está sempre conosco.

Convide sua família para fazerem juntos a leitura do Evangelho e as atividades deste domingo. Concluam rezando juntos:

Senhor, nós acreditamos em sua presença em nossa vida. Mas aumenta e fortalece a nossa fé em teu amor.

ASSUNÇÃO DE NOSSA SENHORA

Lc 1,39-56

UM ENCONTRO ESPECIAL

Maria quando ficou sabendo que sua prima Isabel estava grávida, foi ao seu encontro para ajudá-la. Ao se encontrarem, o bebê de Isabel, ouvindo a voz de Maria, se moveu em seu ventre.

Isabel não tinha recebido a notícia da gravidez de Maria, mas o Espírito Santo revelou a ela que Maria carregava em seu ventre o Salvador, e ela proclamou:

e
s n d u
r t s
m r h
s u
d e
r t d
o u
e u e
r t e

B__n__i__a é__ t__ e__t__e a__ __ __l__e__e__, e b__n__i__o é o f__ __t__ __o t__ __ v__n__r__.

☼ Complete a resposta, escolhendo as letras disponíveis no varal, para saber o que Isabel disse a Maria.

☼ Pinte os espaços com X para descobrir quais são as palavras que completam a frase.

XXXXXXBXXOXXXXXNXXXXXDXXXXXXXAXXXXXXXXXXXXXXXXXXXXXXDXXXXXXXXXXXXXXXEX

XXXXXXXXXXXXXXXXXAXXXXXXXXXXXXXXXXXXXXMXXXXXXXXXXXXXXXXXXXXXXOXXXXXRXXX

XXXMXXXIXXXXXSXXXEXXXXXRXXIXXCXXXXÓXXXXXXRXXXXXDXXXXIXXXXXXXXXXXXXXXXAXXX

O Evangelho nos revela que Maria manifestou sua fé e gratidão a Deus, proclamando que Ele é repleto de ____________________, ____________________ e ____________________.

20/08/2023

Converse com sua família

Comente a grandiosidade que Deus realizou, por meio de Maria, para enviar Jesus ao mundo. Depois, em uma folha de papel, convide-os a completar a frase individualmente, em seguida, motive-os a compartilhar suas respostas.

Minha alma engrandece ao Senhor quando....

21º DOMINGO COMUM

Mt 16,13-20

EU SEI QUEM VOCÊ É!

Jesus questionou seus discípulos sobre o que diziam as pessoas sobre quem ele era. Após ouvi-los, fez outra pergunta: E VÓS, QUEM DIZEIS QUE EU SOU?

Pedro respondeu afirmando: "*Tu és o Cristo, o Filho de Deus vivo.*"

☼ Organize as palavras que estão nas nuvens para completar a frase.

OÃSSIFORP ED ÉF

SAISSEM

EDADNIVID

Com sua resposta, Pedro identifica Jesus como o seu Senhor e realiza a sua______________________, afirmando que Ele é o______________________ e reconhecendo nele a sua________________.

☼ Diante disso, Jesus deu uma resposta. Procure no Evangelho e escreva qual foi essa resposta.

27/08/2023

Agora é com você: ★ Quais momentos de sua vida anunciam a sua fé em Jesus? Cite-os.

22º DOMINGO COMUM

Mt 16,21-27

SEGUIR JESUS É UM DESAFIO!

João, por que será que as pessoas ficam dizendo que seguir Jesus não é tão fácil?

Porque seguir Jesus exige que a gente tenha atitudes! Não é suficiente ter fé, ir à missa e participar da catequese, como nós fazemos, Thiago. Além disso, é preciso testemunhar que seguimos Jesus e seus ensinamentos manifestando atitudes concretas.

Mas que atitudes são essas?

☼ Observe as imagens e troque os números pelas letras para completar a resposta de João para Thiago.

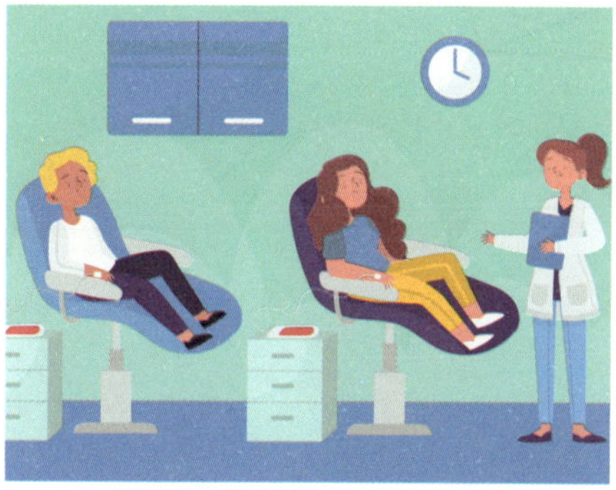

03/09/2023

A	B	C	D	E	F	G	H	I	J	K	L	M	N
1	2	3	4	5	6	7	8	9	10	11	12	13	14
O	**P**	**Q**	**R**	**S**	**T**	**U**	**V**	**X**	**W**	**Y**	**Z**	**Ç**	
15	16	17	18	19	20	21	22	23	24	25	26	27	

São aquelas que escolhemos para colocar a nossa fé em prática, como por exemplo:

____________________ as pessoas, ter ________________________________,
1+ 10+21+4+1+18 — 3 + 15+ 13+ 16+ 1 +9 +23+ 1 +15

saber ________________________ o que temos, agir com ________________________
16+1+18+20+9+12+8+1+18 — 10+21+19+20+9+27+1

e ____________ _____ ____________________.
1+13+15+18 — 1+15 — 16+18+15+23+9+13+15

Seguir Jesus exige que nossa fé seja vivida por meio de atitudes concretas.

☼ Pense como você está seguindo Jesus, escolha uma nova atitude para realizar e colocar a sua fé em prática.

Mt 18,15-20

AJUDAR E SER AJUDADO

10/09/2023

☼ De acordo com o Evangelho, assinale as alternativas corretas.

a. Quando uma pessoa pecar, devemos...

◯ Mandá-la ficar longe de nós.

◯ Dizer que está errada diante de todos.

◯ Quando estiverem sozinhos, dizer que está errada.

b. Quando a pessoa que errou não prestar atenção ao que falamos, buscando ajudá-la, devemos...

◯ Brigar com ela exigindo atenção ao que falamos.

◯ Convidar uma ou duas pessoas para nos ajudar a falar com ela, levando-a perceber que errou.

◯ Desistir, porque ela não quer ser ajudada.

c. Se essa pessoa não nos ouvir novamente, devemos...

◯ Esquecer o assunto.

◯ Dizer a pessoa que não merece ajuda.

◯ Convidar nosso grupo de amigos e/ou nossa comunidade para ajudá-la a corrigir o erro.

Com este Evangelho, entendemos que não podemos abandonar as pessoas que erram, mas realizar todas as tentativas para ajudá-las. Aprendemos, também, algo muito importante. Você sabe o que é?

☼ Encontre no quadro os números entre 1 e 36 que não aparecem nos círculos. Identifique quais palavras correspondem a eles e organize a frase para encontrar a resposta.

1 querer	2 Igreja	3 dois	4 comunidade	5 três	6 confiar
7 Onde	8 Jesus	9 Sempre	10 ou	11 sua	12 estiverem
13 Bondade	14 reunidos	15 Eterna	16 em	17 própria	18 meu
19 ali	20 Mestre	21 nome	22 coragem	23 eu	24 ajudar
25 irmãos	26 no	27 vida	28 crer	29 estarei	30 Senhor
31 Fé	32 pessoas	33 deles	34 medo	35 Deus	36 meio

28
19
11
35
34
4
30
32
15
20
13
27
6
1
2
25
31
9
8
24
22
17

Quando estamos reunidos em comunidade, Jesus está entre nós! Por isso, é importante valorizar nossa participação e compromisso com os irmãos e com a Igreja.

Converse com sua família:

★ Como é possível ser ajudado e ajudar as pessoas nos momentos em que estão cometendo erros?

___

___

___

___

___

___

___

Mt 18,21-35

PERDOAR E PEDIR PERDÃO

OLÁ, JOANA. QUE BOM QUE ESTÁ FALANDO COMIGO. ISSO SIGNIFICA QUE ME DESCULPOU.
EU NÃO DESCULPEI!
EU NEM LEMBREI QUE ESTAVA BRAVA COM ELE.

Algumas vezes, nos irritamos ou ficamos tristes com as pessoas de quem gostamos e, por orgulho ou vergonha, não aceitamos suas desculpas.

Jesus ensina que é muito importante saber perdoar de todo o coração as pessoas que nos magoam. Você sabe por quê?

☼ Para saber a resposta substitua cada letra por sua antecedente no alfabeto.

A ___ ___ ___ ___ ___ a ___ a ___ ___ ___ ___ ___ ___ a ___ ___ ___ ___ a ___ ___ ___ ___ ___ a ___ ___ ___

P Q F S E P S T Q F T T P T D P N Q S U J M I N P T

___ ___ ___ ___ ___ ã ___ ___ ___ ___ ___ ___ ___ ___ ___ ___ ___ ___ ___ ___ ___ ___ ___ ___ .

P Q F S E P R V F S F D F C F N P T E F E F V T

É perdoando que seremos perdoados. E perdoar é uma decisão que devemos tomar com todo o nosso coração.

17/09/2023

Converse com sua família ou amigos:

- ★ Como seria a vida se as pessoas não perdoassem umas às outras?
- ★ Façam uma oração pedindo a Deus sabedoria para os momentos em que é necessário perdoar o próximo.

25º DOMINGO COMUM

Mt 20,1-16a

O SENHOR É BOM PARA TODOS!

Muitas vezes, algumas pessoas acreditam que são melhores do que outras, por aquilo que têm ou são.

☼ Observe as imagens e assinale em qual delas você identifica a atitude da bondade.

24/09/2023

No Evangelho deste domingo, aprendemos que o comportamento do patrão é semelhante a atitude de Deus: é justo e bom para todos. Por isso, atende cada um conforme a sua necessidade. Essa maneira de agir mostra qual é a justiça do Reino de Deus.

Você sabe qual é?

☼ Para saber qual é a justiça do Reino de Deus selecione as palavras corretas para completar os espaços.

No ________de Deus todos têm o ___________ à uma ______ com _________ e,

Palácio Reino dever direito paz vida amor dignidade

portanto, não há ____________ ou __________, ninguém é o ___________ou ___________.

melhores sorriso piores bons escolhido primeiro último vencedor

Todos, sem exceção, são considerados ____________ e recebem o amor, a _____________, a

jovens iguais felicidade misericórdia

generosidade e a ______________de Deus , que é dada ___________________ por Ele.

Alegria proteção merecidamente gratuitamente

Reze com sua família:

★ Com sua família, rezem agradecendo a Deus por amar a todos igualmente.

COERÊNCIA NO FALAR E AGIR

26º DOMINGO DO TEMPO COMUM

Mt 21,28-32

01/10/2023

Nem sempre as pessoas agem de acordo com o que falam. Há quem diz respeitar as regras do jogo, mas na prática faz de tudo para ganhar; quem diz estar disponível para ajudar os colegas no estudo, mas quando lhe pedem auxílio sempre tem mil desculpas para não ajudar.

Você já presenciou alguém dizer algo, e no momento de agir, a pessoa fez como falou?

☼ Crie uma tirinha de uma situação que você conhece, a qual pode ser um exemplo para sua vida.

☼ Para completar o texto ordene as letras em cada folha da videira.

Jesus ensina que é preciso haver coerência entre nosso falar e agir. Com o Evangelho, aprendemos a importância de viver o que falamos, pois podemos ser ________________ dos ______________________ de ____________, sendo ________________ colocando em ________________________ aquilo que falamos, manifestando o ____________________ que dizemos ________________ por ____________.

★ Que tal conversar com sua família sobre a coerência no falar e agir? Descubram juntos o que fazem e podem fazer sobre isso.

27º DOMINGO COMUM

Mt 21,33-43

OS FRUTOS DO REINO

☼ Para melhor compreender o Evangelho que você leu, faça a correspondência da primeira com a segunda coluna.

- A vinha ●
- O proprietário da vinha ●
- Os lavradores ●
- Os frutos ●
- Os criados ●
- O filho do dono da vinha ●
- A pedra angular ●

- ● é Jesus, o Filho de Deus, do proprietário, enviado para ensinar e ajudar as pessoas a participarem do Reino de Deus.
- ● são aqueles que cuidam da vinha, os líderes. Na parábola, eram os que maltrataram e mataram os criados que o proprietário, Deus, enviou.
- ● são: a justiça, o amor, os direitos respeitados.
- ● representam aqueles que Deus enviou, os profetas que convidavam as pessoas a converterem-se e a mudarem de vida.
- ● simboliza o povo de Deus.
- ● é Deus, que tem muito amor pela vinha, ou seja, pelo povo. Ele quer que nela exista a justiça e direitos respeitados.
- ● é Jesus o enviado pelo proprietário, Deus, o qual acreditou que iriam respeitá-lo, mas aconteceu o contrário: eles também o maltrataram e mataram.

Aprendemos com este Evangelho que:

- ★ nós somos os lavradores;
- ★ pertencemos ao povo de Deus;
- ★ recebemos a terra para produzir bons frutos e a vida para realizar boas ações e cuidar do Reino. Assim, contribuindo para que o mundo possa ser sempre um bom lugar para todos viverem, seguindo e praticando os ensinamentos de Jesus.

08/10/2023

☼ Mas afinal, quais atitudes de bom lavrador você tem realizado promovendo o bem para si e para o próximo? Pinte a (s) sua(s) resposta(s).

- Perdoa quem lhe magoa.
- Respeita as pessoas.
- Outra:
- Partilha seus dons na comunidade.
- Manifesta amor ao próximo.
- Ajuda quem precisa de você.

12/10/2023

NOSSA SENHORA APARECIDA

Jo 2,1-11

Dia 12 de outubro, celebramos a solenidade de Nossa Senhora da Conceição Aparecida.

Leia o Evangelho: Jo 2,1-1. Nele aprenderá que Maria é a nossa intercessora junto a seu Filho, Jesus.

28º DOMINGO COMUM

Mt 22,1-14

OS CONVIDADOS

15/10/2023

Qual é o ensinamento do Evangelho?

Todos estão convidados a participar do Reino de Deus. O convite d'Ele, no entanto, exige que as pessoas estejam dispostas a aceitar os ensinamentos de Jesus e praticá-los em sua vida.

Quem não aceita o convite ou não usa a "roupa adequada", ou seja, não quer praticar o amor, a justiça, a misericórdia para com o seu próximo, esses deixam de fazer parte do Reino.

☼ Todos somos convidados a participar do banquete do Reino. Você aceita esse convite? Para isso, escolha a "roupa adequada" e pinte.

MENTIRA
AMOR
PREGUIÇA
SOLIDARIEDADE
INVEJA
IMPLICÂNCIA
MÁGOA
EGOÍSMO
FOFOCA
JUSTIÇA
AMIZADE
COMPAIXÃO
SINCERIDADE
PERDÃO
BRIGA

Converse com sua família:

★ Explique a seus familiares que dizer sim ao Reino é algo que exige renúncia e muita fé. Depois, reflitam juntos: quais atitudes vocês precisam praticar para testemunhar que participam do Reino?

29º DOMINGO COMUM

Mt 22,15-21

BONS CRISTÃOS E BONS CIDADÃOS

Na época de Jesus, haviam pessoas que tinham condutas de exploração do povo, algo que era contrário à justiça e o direito a uma vida digna para todos. Por isso, aquele jeito de agir não combinava com a proposta de Jesus para quem quer participar do Reino de Deus. Querendo fazer Jesus se contradizer e desacreditá-lo essas pessoas chegaram junto dele e fizeram-lhe uma pergunta: "É lícito pagar impostos a César, ou não?". Jesus, com sabedoria e não caindo na armadilha que lhe preparam, respondeu: "Dai a César o que é de César, e a Deus o que é de Deus".

22/10/2023

☼ Mas o que será que significa a resposta de Jesus? Para saber organize as frases.

Na primeira parte da frase, Jesus orienta para...

____

____

____

em nossas vidas, | objetos falsificados | praticando a justiça

e devolvendo o que não nos pertence. | Cumprir os deveres como cidadãos:

sendo honestos com todos, | pagando os impostos, | evitando comprar

Na segunda parte da frase, Jesus orienta para...

____

____

____

Oferecer | nossas orações, | reconhecendo-o | a Deus | na comunidade,

nosso serviço e participação | nossa vida, | de atitudes

e palavras, | como Senhor | o melhor

de todas | por meio | as criaturas.

de nós | ao próximo. | De Deus são: | o respeito e ajuda

★ Que tal conversar com sua família sobre como estão cumprindo os seus deveres como cidadãos e cristãos?

30º DOMINGO COMUM

Mt 22,34-40

O MANDAMENTO DO AMOR

29/10/2023

Com o Evangelho aprendemos que o maior mandamento é: o amor a Deus. No entanto, isso exige cumprir o segundo mandamento, que é: amar ao próximo como a si mesmo.

Demonstrar amor a Deus não significa somente rezar e ir à missa, exige também pensar no próximo. É preciso ficar atento para ouvir o que o outro pensa e sente. Estar com as pessoas nos momentos de alegrias, de tristezas e, ainda, prestar atenção nas necessidades das pessoas para então ajudá-las.

É preciso ajudar ao próximo assim como Jesus fez. Servir com amor, perdoar e acolher as pessoas com respeito.

☼ Com sua família observe as imagens e depois conversem sobre as seguintes questões:

a. O que podemos fazer para colocar em prática esses mandamentos que aprendemos com Jesus?

____

____

____

b. Em nossa comunidade, a quem nossa família pode servir para demonstrar amor a Deus e, de que maneira podemos fazer isso?

____

____

____

____

Seguir os mandamentos que Jesus nos ensinou nem sempre é fácil! É preciso dedicação, perseverança e fé para trilhar o caminho do amor que gera a felicidade que Ele propõe.

★ Reze com sua família pedindo a Jesus para que sejam perseverantes no caminho do amor que Jesus nos convida a seguir.

O CAMINHO DA FELICIDADE

05/11/2023

Jesus nos ensina, com as bem-aventuranças, que ser feliz não significa ter as melhores roupas, brinquedos ou outros bens materiais. Sua proposta para alcançar a verdadeira felicidade, ao contrário disso, é que cada um desenvolva, no seu dia a dia, atitudes para se aproximar de Deus e dos irmãos na fé.

As bem-aventuranças nos ajudam a perceber que podemos encontrar a felicidade ao realizarmos escolhas que promovem o bem ao próximo, como por exemplo:

SERVIR COM SEUS TALENTOS A QUEM PRECISAR.
COMPREENDER A DOR DO PRÓXIMO.
SER JUSTOS.
SER MISERICORDIOSO, OU SEJA, GENTIL COM AS PESSOAS.
PROMOVER A PAZ.
PENSAR NÃO APENAS NO BEM-ESTAR PRÓPRIO, MAS TAMBÉM DAS DEMAIS PESSOAS.
SER HUMILDE E PACIENTE.

Praticando as atitudes que Jesus nos ensina podemos encontrar sentido para as nossas vidas e contribuir para a felicidade do próximo.

☼ Releia o Evangelho e escolha uma das bem-aventuranças. Em seguida, escreva uma mensagem para os amigos e familiares sobre como é possível colocá-la em prática e como ela ajuda a conquistar a felicidade.

32º DOMINGO COMUM

Mt 25,1-13

ATENÇÃO: ORAI E VIGIAI!

12/11/2023

O convite que nos apresenta o Evangelho é para que cada um esteja vigilante e preparado para a segunda vinda de Jesus, a qual ninguém sabe o dia, ou hora em que acontecerá.

Vamos entender um pouco mais sobre esse convite?

Na parábola, o evangelista Mateus menciona as dez jovens para representar a comunidade desejada e esperada para a segunda vinda de Jesus. Dentre elas, cinco foram prudentes, tiveram o cuidado de manter suas lâmpadas acesas, não deixando faltar óleo. Essas, representam uma parte da comunidade que é responsável e comprometida com os valores do Reino; as outras cinco foram descuidadas ao não manterem as lâmpadas acesas, elas representam as pessoas da comunidade que são negligentes e não se preocupam em praticar valores cristãos.

O que isso significa para nós hoje?

☼ Descubra procurando no banco de palavras aquelas que completam a frase.

atentos – agir – prudentes – receber – comprometidos – alegrias – atendidas – vontades – acolher – palavras – atitudes – viver – olhavam – bens – dias – coerentes – olhavam – ensinamentos – momentos – vida – observar – caminhada – paciência

Que devemos ________________ como as jovens ________________: estar vigilantes e ________________ com os valores do Reino. Para isso, é preciso ________________ em nossa vida as ________________ de Jesus, para que nossas ________________ e ________________ sejam ________________ com seus ________________, em todos os ________________ de nossa ________________.

Mt 25,14-30

OS DONS A SERVIÇO DO REINO

O que podemos aprender com este Evangelho?

☼ Descubra escrevendo nas linhas as letras do círculo de mesma cor.

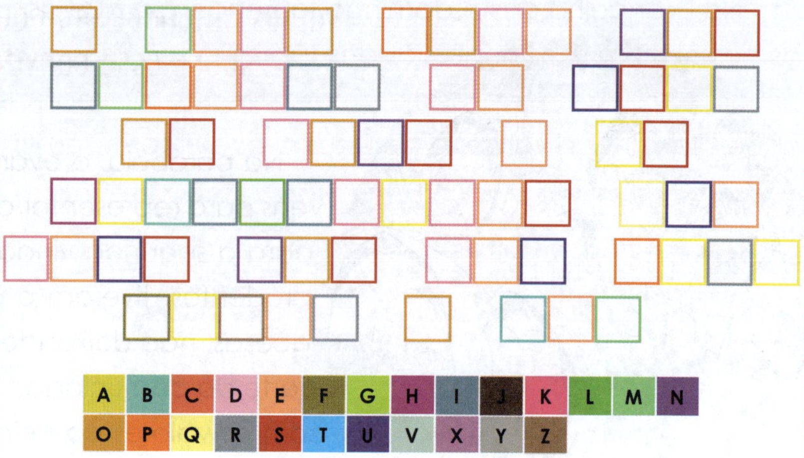
A B C D E F G H I J K L M N
O P Q R S T U V X Y Z

☼ Todos nós possuímos muitos dons. Pare e pense: quais são os seus dons? Anote-os.

____

____

____

____

19/11/2023

Jesus nos ensina que Deus pede para usarmos os dons que nos deu para colaborar com o seu Reino, cuidando das pessoas e de sua criação. Mas há algo muito importante que precisamos saber para que isso aconteça. Você sabe o que é?

☼ Descubra a resposta misturada entre a letra **X**.

NXXXÃXXXXOXXXXXPXXXOXXXXDXXXEXXXMXXXOXXSXXXXXEXXXNXXXTXXEXXRXXRXXAXXXXRX
XXXXXXXXXXXXXXXOXXXXSXXXXXXXXDXXXXOXXXXNXXXXSXXXXQXXXXUXXXXEXXXX
XXXXXXXXDXXXXEXXXXXXXXUXXXXSXXXXXXXXNXXXXOXXXXSXXXXDXXXXEXXXXU.XXXXXXXÉ
XXXXPXXXXRXXXXEXXXXCXXXXIXXXXSXXXXOXXXXFXXXXAXXXXZXXXXEXXXXRXXXXXXXXAXXXX
NXXXXOXXXXSXXXXSXXXXAXXXXPXXXXAXXXXRXXXXTXXEXXXXEXXXXXXXXXXXXXSXXXXXXXX
XDXXEXXXSXXEXXNXXVXXXOXXXLXXXVXXXXÊ-XXXXLXXXXOXXS.XXXSXXOXXXMXXXXEXXNXXTXE
XAXXXXSXXXXSXXXIXXXMXXXXPXXXOXXXXDXXXXEXXXXMXXXXOXXXXSXXFXXXAXXZXXXEXXXR
XXXOXXXQXXXUXXXEXXEXXXXLXXXEXXXNXXXXOXXXSXXXXPXXXXXEXXXXXXXXXXXDXXXXXXXXXE.

Reze com sua família:

★ Com sua família, façam uma oração pedindo a Deus para não se descuidarem de desenvolver os dons e as habilidades que Ele deu a cada um.

CRISTO REI

Mt 25,31-46

JESUS SE FAZ PRESENTE NO PRÓXIMO

26/11/2023

Jesus é o verdadeiro Rei. Ele viveu para servir, com seu exemplo, nos ensinou como devem ser as atitudes do cristão para que o mundo se torne cada vez mais um lugar melhor, com paz e justiça para todos.

No Evangelho deste domingo, aprendemos que ao ajudarmos as pessoas em suas necessidades também servimos a Jesus, nosso amigo e rei. Assim, ao praticarmos o bem e ao realizarmos boas ações, fazemos a vontade de Deus e revelamos o seu amor.

☼ Converse com sua família sobre a missão de colaborar com Jesus servindo ao próximo. Depois, façam juntos uma lista de atitudes que podem realizar. Escreva-as.

Chegamos ao final do ANO LITÚRGICO A. Iniciamos, a partir desta semana, um novo ANO LITÚRGICO: o ANO B.

Continue participando das celebrações em sua comunidade e conversando com sua família sobre os evangelhos de cada domingo.

Um bom ANO B para todos os cristãos!

EDITORA VOZES LTDA.
Rua Frei Luís, 100 – Centro – Cep 25689-900 – Petrópolis, RJ
Tel.: (24) 2233-9000 – E-mail: vendas@vozes.com.br